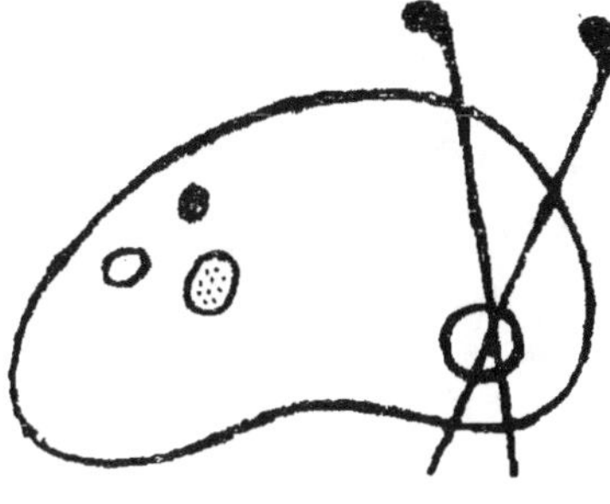

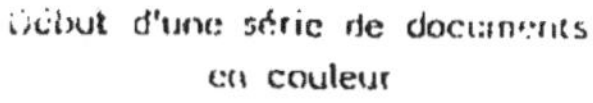

Début d'une série de documents en couleur

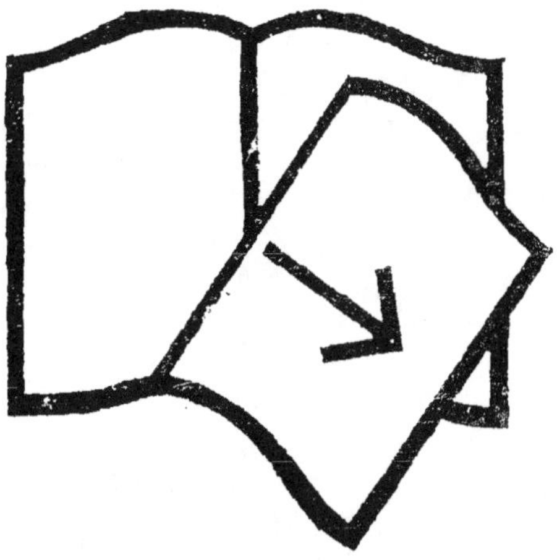

Couverture inférieure manquante

LA VILLE DE SÉZANNE

ET

L'ABBAYE DU RECLUS

NOTES HISTORIQUES

PAR

LE Cᵗᵉ ÉDOUARD DE BARTHÉLEMY

MEMBRE CORRESPONDANT DE LA SOCIÉTÉ ACADÉMIQUE DE L'AUBE

MEMBRE TITULAIRE DU COMITÉ DES TRAVAUX HISTORIQUES

ET DES SOCIÉTÉS SAVANTES

TROYES

IMPRIMERIE ET LITHOGRAPHIE DUFOUR-BOUQUOT

RUE NOTRE-DAME, 43 ET 41

—

1879

Fin d'une série de documents
en couleur

LA VILLE DE SÉZANNE ET L'ABBAYE DU RECLUS

LA VILLE DE SÉZANNE

ET

L'ABBAYE DU RECLUS

NOTES HISTORIQUES

PAR

LE Cte ÉDOUARD DE BARTHÉLEMY

MEMBRE CORRESPONDANT DE LA SOCIÉTÉ ACADÉMIQUE DE L'AUBE

MEMBRE TITULAIRE DU COMITÉ DES TRAVAUX HISTORIQUES
ET DES SOCIÉTÉS SAVANTES

TROYES

IMPRIMERIE ET LITHOGRAPHIE DUFOUR-BOUQUOT
RUE NOTRE-DAME, 43 ET 41

1879

LA VILLE DE SÉZANNE

ET

L'ABBAYE DU RECLUS

NOTES HISTORIQUES

NOTE SUR LA VILLE DE SÉZANNE

(Ancien Diocèse de Troyes).

L'histoire de la ville de Sézanne n'a pas été sérieusement étudiée jusqu'ici ; nous ne connaissons guère qu'un travail très-sommaire, publié à Sézanne même en 1837, et quelques pages plus sommaires encore insérées dans les divers ouvrages consacrés aux statistiques du département de la Marne, depuis un certain nombre d'années.

Nous n'avons pas la prétention d'écrire ici cette histoire ; nous voulons seulement réunir quelques notes qui pourront peut-être servir à ceux qui voudront un jour, comme nous l'espérons, entreprendre cet utile travail. Nous les avons recueillies soit dans les archives de la Marne, soit dans la collection intitulée *Topographie de Champagne,* à l'article Sézanne, à la Bibliothèque nationale.

Quelques lignes suffiront pour résumer les principaux traits de l'histoire de cette ville.

Sézanne est un lieu évidemment ancien, car, dès le xie siècle, son château était le chef-lieu de l'un des principaux fiefs du diocèse de Troyes et même de la Champagne, possédé par les puissants seigneurs de Broyes. Le comte Henri le réunit à son domaine en 1102, et en 1155 la ville figure parmi les dix-sept châtellenies assignées en douaire à Blanche de Navarre, lors de son mariage avec le comte Thibaut III.

En 1228, Thibaut IV la démantela pour empêcher les seigneurs ligués contre lui de s'y établir, et, en 1232, il comprit Sézanne, portant dès lors le titre de comté, dans le domaine de sa femme, Marguerite de Bourbon.

Sézanne fut pris et brûlé en 1240 par les troupes royales.

En 1284, le comté fut réuni avec toute la province à la couronne de France, et Philippe de Valois, en 1335, rendit à la ville ses fortifications.

Depuis le roi Jean, Sézanne fit ordinairement partie de l'apanage des ducs d'Orléans; elle revint à la couronne au xvie siècle, et fut cédée en 1581 au duc d'Anjou, puis au duc d'Angoulême, qui y vint assez souvent, et au duc de Joyeuse; depuis, elle fut successivement engagée à Fabert, au marquis de Beuvron, son gendre, et vendue par celui-ci au marquis de Plancy, qui la légua, en 1727, au duc de Caderousse.

En 1423, la ville fut prise par les anglais; en 1566, le prince de Condé, avec ses protestants, la brûla. Un terrible incendie, accidentel cette fois, la détruisit presque complètement avec ses faubourgs, le 20 mai 1632. Ce malheureux événement a été raconté avec beaucoup de détails dans un petit livre excessivement rare, intitulé : « *Sezaniæ urbis* » *incendium Ascensionis domini die cæptum xx maij, anno* » *salutis integratæ suprà M. sex centesimo tricesimo*

» *secundo, per Jo. Bachot, de Sens, curatum de Mor-*
» *mant, et Sezaniensis collegii moderatorem. Paris, Jean*
» *Tempere, prope collegium Grassinœum, via Amigdalina,*
» *1633.* » (in-4° de 39 pages). Ce livre est dédié à l'arche-
vêque de Sens, et nous y trouvons des pièces de vers, rimées
à la plus grande gloire de l'auteur par Pierre Bachot, profes-
seur, et Jean Elvart, précepteur du collége de Sézanne, Jacob,
cordelier, Charles Couvent, Prudent Brusley, Emile Fautrez,
tous disciples de l'auteur. Nous pensons intéressant de repro-
duire la page, qui donne quelques détails précis sur l'incendie, tandis que la plupart des autres ne présentent que
des dissertations plus ou moins inutiles, mais également
solennelles.

Benedictinæ moniales quæ secum semper habitaut videntes e
speculis (ubi pro salute publica excubant utilius, quam priscæ ves-
tales) dum manus ad astra votis flammarum globos decades globu-
losque precum volvere non destituunt. Piorum votis id tandem
concipit Deus est et aliquot edes futura civibus refugia extra urbis
pomeria conservavit et nostræ dominæ templum flammis ab omni
parte occupatum terno columbæ nonnullis visœ volatu circumdatum
non sine miraculi fide innoxium perseveret; sed in urbem redeo in
quam elementa conjurasse credideris. Terra nolle turres ulterius
aut domicilia sustinere videtur : aer calore ferventissimo vires ignis
adjuvat ventorumque vertigine agitari se passus : aqua vicos urbis
alluere solita, longo canali deducta, sistitur in superiori sub-
urbio ruinâ domus ruderibus oppleta. Denique cum ignis insatia-
bilis edacitate omnia se solo æquaturum minatur in vota miseros
ultimus cogit terror : sed irrita venti celeres abripiunt in mare
creticum discerpenda, M. Jacob Boule pastor civitatis, habitu
reorum supplici, collo fune revincto, per augustissimum sacra-
mentum quod manu gestabat omnium nomine parem veniamque
orabat et flammas Mariæ filium populi fletibus exstigui poscebat [1].

A la suite de cet incendie, le gouvernement intervint
généreusement : le roi donna à la communauté des habitants une coupe dans la forêt pour fournir des bois de cons-

------

[1] Il y a un exemplaire à la Bibliothèque nationale, L[7]. k, 9342.

truction, il autorisa des quêtes et il imposa un jour de
corvée spéciale par semaine à tous les habitants des villages
du ressort du bailliage de Sézanne pour rebâtir la ville suivant un plan nouveau. Les remparts avaient échappé au
désastre : on commença seulement leur démolition en 1777,
et les dernières portes disparurent en 1792 [1].

Sézanne était autrefois un centre administratif considérable. Il y avait un bailliage royal [2] et une prévôté qui fut
réunie au bailliage par arrêt du mois de novembre 1738,
une maîtrise des eaux et forêts, une élection comprenant
soixante-quinze paroisses [3] ; un grenier à sel s'étendant à
quatre-vingt-quinze paroisses ; une brigade la maréchaussée,
un corps de ville et une compagnie de chevaliers de l'Arquebuse. Au point de vue religieux, Sézanne était le chef-
lieu d'un archidiaconné du diocèse de Troyes et d'un
doyenné comprenant, d'après Courtalon, soixante-quatorze
paroisses et huit succursales : on y comptait, avant la

---

[1] Les portes avaient nom : Gohier ou de Paris, de Broyes, de la
Juiverie, Notre-Dame.

[2] Du bailliage relevaient les prévôtés royales de Chantemerle et de
Trefols.

[3] *Sézanne, *Vindey, Sauldoy, *Barbonne, *Fontaine-Denis, *Minoy,
*Saint-Quentin, *Villeneuve, la Saussotte, *Marcilly, *Baudement,
Sarron, *Soyes, *Anglure, *la Chapelle-Lasson, *Marsangy, *Alle-
manche et *Launay, Saint-Just, *Bagneux, *Granges, *Vouarce, *Saint-
Saturnin, *Thaas, Marigny, *Pleurs, *Linthe, *Gaye, *Linthelles et
*Saint-Loup, Saint-Remy, *Chichey, *Broyes, *Péas, *Reuves, *Alle-
mant, *les deux Broussy, *Mondement, Saint-Prix, *Oyes, *Montgi-
vrost, *Suisy, Villeneuve-les-Charleville, Treynel, *le Thoult, *Corfe-
lis, *Bannes, *Charleville, Boissy, *Soignis, *Bergères, *le Gault, *Cour-
betost, *Maclaunay, *Mécringes, *Rieux, *la Celle-Montmirail, *Mont-
dauphin, *Montollivet, Reuillon, *Villeneuve-la-Lionne, *Courgivost,
*Escardes, *Esternay, *Neufvy, *Joyselle, *Morsins, *Champguyon,
*la Noue, *les Essarts, *le Meix, *Sachy, *Verdey, *Meure et les
Bordes.

Nous avons marqué d'un astérique les paroisses comprises dans
l'élection et dans le doyenné : il y avait en outre celles de Fayel,
Le Vezier, Meilleraye, Montaiguillon, Queudes, Saint-Bon, Ville-
neuve-Saint-Visre, Villotte, Saint-Gond.

Révolution, deux paroisses et huit succursales, une collégiale royale, un prieuré de Saint-Benoit dépendant directement de Cluny, des couvents de Cordeliers et de Recollets, un abbaye de Bénédictines, un Hôtel-Dieu, un collége et une confrérie de dames de charité.

La compagnie de l'Arquebuse était l'une des plus anciennes de France : elle existait dès la fin du xive siècle, et c'est à elle que semble appartenir l'initiative de ces assemblées qui réunissaient, à tour de rôle, dans l'une des villes de la région, les compagnies pour un concours de tir. Les arbalétriers de Sézanne adressèrent une convocation générale le 30 mai 1415, « à leur confrères de la province » et leur offrirent deux petits joyaulx. » Cette pièce est très-ancienne ; les confrères de Sézanne exposent que cette réunion a pour but « de soutenir ledit jeu de mieux en » mieux et iceluy réveiller qui longuement a dormy. » L'un des « joyaulx » était un cerf d'argent ayant le bois doré, l'autre une biche également d'argent, le tout valant trois à cinq livres tournois : la circulaire énumère les conditions du tir et se termine ainsi : « Là ferons bonne chière et lie ensemble. Et aussi nous pardonne ce que mieux et plus sagement ne vous rescrivons, et ainsi comme le jeu le requiert et au plaisir de Dieu : une autre fois nous ferons mieux, *car ce n'est ici que commencement.*[1]» Une nouvelle assemblée générale eût lieu à Sézanne en 1688 : en 1687, la compagnie de Sézanne envoya un détachement au prix général de Reims, composé de deux brigades, commandées par MM. Chauveau, capitaine, et Blanchot, enseigne : y figuraient MM. Huguet, Rivot, Galien, Durieux, Allart, Houtier, Rivot jeune, Louvart et Petit.

La collégiale de Saint-Nicolas fut établie dans le Champ-Benoit, en 1164, par Henri, comte de Champagne. Il se

---

[1] Un exemplaire est conservé aux archives de Reims, liasse de l'Arquebuse.

montra très-libéral envers elle et régla par une charte de
l'année 1179, sa dotation, savoir : à Tréfols, moitié du
minage et de tonlieu avec 20 s. de rente sur l'autre moitié
de celui-ci; un muids de blé de rente; — à Champguyon,
des maisons avec les familles y demeurant; justice totale,
sauf pour la connaissance des vols; dîmes de porcs et des
agneaux; produit des amendes, « vin de Noël; » — au
Gault; rente de 40 sols sur les fresanges (droit sur les
porcs); — moitié du péage de Vertus; part du comte au
moulin Cochenel; rouage de Barbonne; famille Renaud
Bohème; recette perçue à la foire de Provins sur la maison
d'Herbet Trépin et de Huguet de la Chambre; deux parts
des produits de la foire Saint-Nicolas de Sézanne; moitié de
ceux du péage et des étallages, les serfs ne pouvant vendre
auxdits étaux de Sézanne sans le congé des chanoines, les-
quels toucheront les trois quarts des produits; la dîme du
revenu du marché hebdomadaire de la même ville; le comte
donnait encore cinq familles de serfs à Tréfols, deux autres
pour la fondation de l'obit de son père et deux pour fournir
l'huile nécessaire au luminaire de l'autel de la Vierge dans
la collégiale. Il accordait encore l'exemption de tous droits,
sauf de la taille, aux six boulangers du moulin des chanoines; les dispensant du service militaire quand les comtes
ne seraient pas présents à l'armée; enfin il attribuait à la
collégiale les aubains venant se fixer à Sézanne et à Tréfols
auprès d'eux; dispensait de droit les mariages entre les
hommes et les femmes de la collégiale et les siens; les
exemptant de la juridiction de ses sergents sauf dans le cas
de trouble sur le marché ou de refus de paiement du tonlieu; il exemptait aussi de cens et de service militaire sept
serfs à Beaumont, acquis de Sima de Lachy; 53 « grands
et petits » à Mœurs, acquis de Jean de Lachy; il accordait l'usage de ses forêts pour le chauffage et les constructions des chanoines; confirmait leurs rentes en grains à
Mœurs, au moulin Binal, à Vertus, au moulin Cocheny à

Rigny, à Bergères, au grand moulin de Sézanne; celle des
étaux des cordonniers à Vaudois; un bien acheté moyennant 1040 sols à Sauldoy de l'Evêque et de l'archidiacre
de Troyes; un cens de 40 sols au même lieu avec quelques autres droits; quatre arpents de vigne et sept étaux
francs à Sézanne; 20 sols de cens à Sancy du grand chantre
de Saint-Etienne de Troyes; le tiers des dîmes de Granges;
le trait et le labour de tous les domaines; deux fauchées de
prés à Queudes, avec un cens de 2 sols, un autre de 3
septiers de grains sur le moulin, trois autres sur les terrages,
le tiers des dîmes et dix septiers de rente sur le moulin
d'Acles; le tiers des grosses dîmes et des biens acquis à
Lachy, aux Essarts et Charleville, moyennant sept livres
de Girard. Le comte termine cette longue énumération en
donnant encore trois serfs pour l'entretien de l'huile de deux
lampes dans l'église; en concédant la franchise absolue du
cloître, des maisons des chanoines y demeurant, en accor-
dant aux officiers de la collégiale les mêmes franchises qu'à
ceux du chapitre Saint-Etienne de Troyes. Cette importante
Charte est datée de Provins et souscrite par Eudes de Sens,
doyen de Saint-Nicolas de Sézanne; Nicolas, chapelain du
comte, Philippe Thibaut de Gien, Guillaume, maréchal du
comte, Ertaud, chambellan, Etienne, chancelier : elle est
revêtue de l'approbation de la comtesse Marie. Nous la
croyons inédite. Cette collégiale compta d'abord un nombre
considérable de chanoines, jusqu'à cinquante, dit-on, lequel
fut successivement réduit et fixé définitivement à douze dont
six dignitaires, tous à la nomination du roi et du seigneur
engagiste, sauf une prébende concédée à l'évêque de Troyes,
et une réunie au prieuré de Saint-Julien. Au xviiie siècle,
le curé-vicaire perpétuel de Saint-Denis, Ant. Colot, voulut
se soustraire aux droits de la collégiage : un arrêt de la
grand'Chambre le débouta en 1712 de toutes ses prétentions.

L'église paroissiale de Sézanne était dédiée à saint Julien.

Barthélemy de Broyes « miles famosissimus », dit la charte
que nous allons citer, s'en empara ainsi que de ses biens, et
la conserva jusqu'à sa mort; il laissa un fils orphelin et tout
jeune, dont le comte Etienne-Henri de Champagne fut le
tuteur; ce prince voulut réparer les fautes de son père, et
quand Hugues de Broyes eût atteint sa majorité, il le déter-
mina à confirmer cette réparation que le comte avait déjà
faite provisoirement; Hugues se rendit donc solennellement
dans l'église, s'agenouilla devant l'autel en se revêtant du
manteau de moine, et en présence de la femme du comte
Etienne-Henri et d'un grand nombre de chevaliers, ap-
prouva la donation faite en son nom de la paroisse au prieuré
de la Charité dont les moines avaient déjà constitué le prieuré
de saint Julien. La concession provisoire datait de l'année
1081 et cette cérémonie eut lieu en 1084 [1]. La dédicace de
la nouvelle église fut célébrée en 1114, par Philippe, évêque
de Troyes, qui l'avait approuvé l'acte précédent, en 1081,
en stipulant que si dans l'avenir on bâtissait d'autres églises
à Sézanne, elles seraient toutes sous la dépendance du
prieuré, et en faisant don d'Esclavolles, le tout en présence
de Isambert, prieur du lieu, de Manassès, évêque de Meaux,

---

[1] Voir cette charte dans le *Gallia*, tome XII, p. 254. Les auteurs
de ce travail donnent les noms suivants de prieurs :

 Isambert, 1114.
 Alboin, 1131.
 Henri, fils du comte de Sancerre, 1140.
 Robert, 1179.
 Guillaume, 1193.
 Hugue de Bourbon, 1216.
 Philippe d'Ancilley, 1340.
 Jean de Beaujeu, 1363.
 Guillaume Chrinel, 1405.
 Guillaume Chevreau, 1446.
 Evrard Roland, 1475.
 Pierre Enguerrand, 1480.
 Henri de Rocher, 1504.
 Robert Girard, 1511.

du prieur de la Charité, de Raymond, prieur de Gaye, d'Adèle,
veuve du comte Etienne-Henri, laquelle à celle occasion
donna la dîme de Champguyon; l'évêque le Troyes céda
en même temps la cure de ce village. Le pape Anastase
confirma les biens du prieuré par une bulle de l'année 1153,
laquelle contient l'énumération suivante :

Dans le château de Sézanne, l'église dédiée à Notre-
Dame, à saint Pierre, à saint Nicolas et ses dépendances;

La dîme du château;

Le don provenant du comte Etienne et d'Elise, sa femme;
L'église du Gault (de Waldo comitis);

La dîme de Champguyon;

L'église d'Esclavolles, moitié des dîmes de Bourcenay,
de Saint-Remy, d'Anglure, Lachy, Tréfols, Verdey, Châtillon-sur-Morin;

Pêche de Marcilly;

Cimetière à Provins;

Villa de Seux (?);

Domaine de Grangiis;

Aleu de Maesneio;

Moulin de Saint-Julien;

Ant. Geoffroy, 1512.
Ant. de Bar, 1521.
Pr. de Poncher, 1524.
Et. de Poncher, 1551.
Jean Hurault, 1551.
Jean Miron, 1567.
Ph. de Marnac, 1571.
P. de Lépine, 1572.
P. de Posselières, 1576.
Cl. de Posselières, 1555.
Edmond Lordereau, 1620.
Louis de Baye, 1636.
Albert Belin, 1652.
Louis de Godron, 1654.
Charles de Godron, 1660-1671.
Cl. de Bellay, 1671.

Moulins Bernard, du Pré, de Fleto, de Chesles, de Vouarce, de Croole.

Cet instrument vise une bulle précédente du pape Urbain et le pape Alexandre en octroya une nouvelle en 1178; une dernière, du mois de mai 1184, rappelle avec une confirmation analogue l'accord intervenu entre Hatton, évêque de Troyes, et Henri, comte de Champagne, au sujet du prieuré et de la collégiale; celle-ci céda aux moines deux prébendes avec leurs revenus en échange de deux semaines de messe dites par an à saint Nicolas pour eux; il était en outre stipulé que le prieur assisterait au règlement annuel des comptes des chanoines, céderait tous les droits sur la cure de saint Julien et ensevelirait dans son cimetière « in habitu clerici » les chanoines mourant à Sézanne; le prieur devait encore gouverner l'école « in terminum parrochiæ; » si l'état des chanoines changeait, tous les biens du prieuré devaient faire retour à la Charité. La prieuré percevait un cens sur toutes les maisons de la rue de la Juiverie, par concession, dit-on, des comtes de Champagne, quand fut prononcée l'expulsion des Juifs de ses états.

En 1216, Hugues de Bourbon, prieur, obtint la concession de la cure de Verdey; en 1364, l'un de ses successeurs, Jean de Beaujeu, abandonna à la collégiale le cimetière du Champ-Benoit, et en établit un autre sur l'emplacement duquel fut installé, en 1520, le marché, par le consentement coupable du prieur Etienne de Bar, qui céda à la paroisse, pour en établir un autre, la moitié de son jardin. En 1443, Guillaume Chauveau, prieur, abandonna à la paroisse les trois quarts des droits du prieuré en ville, ce qui lui attira une menace d'excommunication de l'abbé de Cluny s'il consentait de nouvelles aliénations. Guillaume Chauveau, cependant, en 1407, céda encore à la paroisse la nef du prieuré avec les deux tiers des droits de sépulture, afin d'être déchargé de toute contribution pour l'entretien des remparts de la ville. Le prieur P. Enguerrand racheta, moyennant une rente de 10 livres, le droit de l'évêque de Troyes à visiter son monastère, lequel devait venir dire, quand il serait à Sézanne, un *De profundis* pour les fondateurs, à l'autel de l'église du prieuré [1].

Les Cordeliers furent établis à Sézanne, par les comtes Henri et Thibaut, en 1224, comme le constatait une inscription placée dans le cloître. Les bâtiments furent reconstruits au xvii° siècle, et la première pierre posée le 18 octobre 1668, au Champ-le-Roy : auparavant, le couvent était au Champ-Benoit.

Les Récollets furent appelés à Sézanne en 1628 et y arrivèrent le 16 décembre, grâce à la donation d'un terrain par Jean Giffey, notaire du lieu, et Jeanne Boulay, sa femme : l'église fut consacrée le 15 novembre 1643, par l'évêque de Troyes.

L'abbaye de Notre-Dame de Sézanne porta d'abord le nom de Notre-Dame de Bricot, ayant été fondée primitivement sur cette paroisse, entre Sézanne et Esternay, dans une contrée de bois et de marais, très-mal hantée jusqu'à l'arrivée des bénédictines qui y furent installées. Les auteurs de la *Gallia* déclarent ne pouvoir donner une date précise à cette fondation que, plus tard cependant, Louis XIII devait déclarer d'origine royale. Un manuscrit d'un « Monsieur Serqueil, » cité dans les manuscrits de la *Topographie de Champagne,* et qui écrivait ses notes en 1691, propose l'année 1104, et Des Guerrois se rencontre avec lui : il affirme, en outre, avoir vu dans les ruines du monastère la pierre tombale, à moitié rompue, de la prin-

----

[1] Dans les documents où nous avons recueillis ces renseignements, à la Bibliothèque nationale, nous trouvons cette note en écriture du xviie siècle : « C'est un titre ancien; depuis vingt ans le titre de fon-
» dation est perdu; il a été imprimé dans une histoire de Cham-
» pagne, et il ne reste plus qu'un cahier informe. » Le prieuré possédait, dans l'un des faubourgs de Sézanne, l'office de sacriste et la chapelle de Crodon, citée en 1454, et valant 120 liv. de rente.

cesse fondatrice. Le plus ancien titre est cité dans ces notes comme daté de l'année 1118 et mentionne l'abbesse Ida. Mais pour nous, le premier article vraiment authentique est la charte de juin 1196, par laquelle Garnier, évêque de Troyes, donne aux religieuses la cure de Châtillon-sur-Morin. Mais cet instrument semble précisément prouver que le monastère est beaucoup moins ancien, car on y lit que cette concession est faite à l'abbesse Ida et à ses compagnes *quæ sub ipsius regimine in novella ecclesia beatæ Mariæ de Bosco de Deco sacrificium abtulerunt* [1]. Cette charte constate également que plusieurs religieux étaient attachés à l'abbaye, car l'évêque stipule que cette église sera confiée à *l'un des frères* remplissant les fonctions du saint ministère en ce lieu [2]. Une bulle du pape Innocent, en 1208, consacra l'existence du couvent, et, le 26 mars 1270, le comte de Champagne accorda une charte générale d'amortissement. En 1276, l'officialité de Troyes repoussa les prétentions d'indépendance du curé de Châtillon, et le condamna à porter l'habit de saint Benoit et à obéir à l'abbesse.

Le monastère ne prit jamais un grand développement : les guerres religieuses vinrent ensuite le menacer et les protestants lui causèrent de tels dégâts qu'à la fin du xvi° siècle les bâtiments tombaient complètement en ruines et les revenus achevèrent d'être dissipés par l'abbesse Charlotte le Boulanger (1607-1617), qui mena une vie excessivement mondaine, mais mourut en faisant une sévère pénitence ; le culte dut même y être suspendu ; le 18 septembre 1622, le saint-sacrement fut réintégré dans le tabernacle de l'église et l'on recommença, le 25, à y célébrer la messe. La

---

[1] *Gallia*, XII, pr. 281.

[2] Une charte de 1254 mentionne la fondation de l'obit de Guillaume, chevalier de Blicot, par sa parente, l'abbesse Emmeline, non citée dans la *Gallia*.

situation du lieu ne parut pas assez sûre pour autoriser une reconstruction, reconnue dès lors indispensable, et l'abbesse Paule de Guedon entama avec la ville de Sézanne des négociations pour venir s'installer dans ses murs, qui réussirent pleinement. Les religieux achetèrent à grand prix un vaste terrain : l'autorisation du conseil de ville fut accordée le 25 novembre 1627, celle de l'évêque de Troyes le 21 décembre suivant et la confirmation royale le 30 février 1625. Les travaux avaient été menés rapidement et le 1ᵉʳ juillet de la même année l'abbesse s'y installa avec trente religieuses. Elles quittèrent les ruines de Bricot le matin après la messe et se réunirent dans l'église Saint-Denis sous la présidence de mademoiselle de la Rochefoucauld, abbesse du Paraclet : elles y entendirent les vêpres et se rendirent en procession ensuite dans le nouveau monastère, situé rue Saint-Pierre. Les constructions n'étaient pas cependant encore terminées : la première pierre du dortoir fut posée seulement le 29 juin 1633 par M. de Chavigny qui donna 2000 livres pour le bâtir, le roi fournissant le bois nécessaire. En 1638, l'évêque de Troyes vint bénir la place où on allait élever l'église : madame de Chavigny en posa aussitôt après la première pierre avec son petit-fils : le roi offrit encore une somme de 4000 livres et le bois de construction. Pendant les années 1653 et 1654, on procéda à la démolition de Bricot : les décombres utilisables furent apportés à Sézanne ; on laissa seulement debout une chapelle où les abbesses continuèrent de faire célébrer la messe le jour de la fête de saint Benoît, à l'Ascension, et le 2 novembre.

Il existe dans la chapelle de l'hospice de Sézanne une série de tableaux originaux qui sont à peine connus et qui méritent cependant une mention spéciale. Leur auteur n'est même pas cité dans le *Dictionnaire des artistes français*, publié en 1872 par M. Bérard : il avait nom le frère Luc et était religieux-diacre au couvent des Recollets de Sézanne. Le frère Luc étudia sous Lebrun et l'accompagna à Rome :

il a laissé d'assez nombreux tableaux : quelques-uns or-
naient l'église de son ordre à Paris ; il eut lui-même des
élèves, notamment Roger de Piles (1635-1700) qui a écrit
quelques études intéressantes sur les arts, et a peint les
portraits de Despréaux et de madame Darcier. Frère Luc a
exécuté neuf tableaux pour son couvent : le premier est le
portrait de M. Poulet, l'un des bienfaiteurs de la maison : il
est représenté assis dans un fauteuil, la main gauche tenant
un crucifix est posée sur une table. Les autres sont des sujets
religieux : la descente du Saint-Esprit, la descente de la
croix, l'apparition du Christ à saint François-d'Assises, les
stigmates du saint, l'ange apportant le calice à saint Fran-
çois dans le désert, la fuite du saint de la maison paternelle
en dépit des efforts de ses parents pour le retenir, la visite
de son sépulcre par des cardinaux ; les toiles furent horri-
blement maltraitées pendant la révolution ; on en jugera par
ces détails : on coiffa M. Poulet d'un bonnet phrygien et on
remplaça la croix qu'il tenait par une lance. Depuis une
vingtaine d'années, ces tableaux ont été convenablement
restaurés.

Telles sont les notes que nous avons réunies sur le chef-
lieu de l'un des archidiaconés de l'ancien diocèse de Troyes.
Nous avons pensé qu'elles ne paraîtraient ni inutiles, ni dé-
nuées d'intérêt.

NOTE SUR L'ABBAYE DU RECLUS

(Diocèse ancien de Troyes).

L'abbaye du Reclus eut pour origine l'établissement fondé
dans un endroit très-aride de la paroisse de Saint-Prix,
dit *donum comitis seu fons Balinii*, par un moine nommé
Hugo Reclusus, qui s'y retira avec plusieurs compagnons.
Une tradition voudrait que ce moine ait été envoyé là en
pénitence, d'où son surnom le « Reclus » et le nom imposé
au monastère. Nous rapportons ce bruit auquel nous dé-
clarons ne trouver aucun fondement, et que les auteurs de
la *Gallia Christiana* n'ont aucunement accueilli. Au mois
de janvier 1141 ou 1142, saint Bernard et Hatton, évêque
de Troyes, fondèrent définitivement l'abbaye sous la filiation
de celle de Vauclair (ordre de Citeaux). Hugues Reclus est
cité dans une charte de 1144, dont nous allons parler,
mais il mourut probablement cette même année et l'un des
instruments que nous faisons connaître prouve qu'il laissa
une réputation de sainteté qui s'accorderait mal avec les
débuts fâcheux qu'on voudrait lui prêter : en 1145, l'abbé
est Richard qui fit confirmer par Hugues de Broyes, par-
tant pour la croisade, la donation de Simon, son père « ad
fenestram domini Hugoni Reclusi [1]. » Frappé de la mau-
vaise situation de l'abbaye, au bout de peu d'années, le
comte de Champagne se décida comme œuvre pie à la trans-
férer dans un endroit plus fertile : la charte qu'il octroya à
cette occasion est datée de Troyes, en 1164 : elle porte que
le comte, ayant compassion (*compassus sum*) de l'excessive
pauvreté du monastère, décidait son transfert dans un em-

---

[1] *Gallia*, XII, col. 602.

placement moins aride : en même temps il lui donnait ses
b. is sis dans ces parages avec deux forestiers pour les garder,
tout ce qu'il tenait d'Ingelmar de Sanceio, en y joignant
l'usage de la forêt de Wassy et des pâturages, et la libre
circulation sur ses terres pour les moines et leurs hommes .[1]

Mais c'est en réalité aux libéralités des seigneurs de Broyes
que le Reclus doit son existence. En 1144, Simon de Broyes
donne à Hugues Reclusus, *omnes aisancias nemoris mei de
Talus præter exsartiare* [2]. En 1168, Hugues de Broyes,
pour se rendre aux conseils de Henri, évêque de Troyes, et
constatant la pauvreté persistante de l'abbaye, lui fit d'assez
larges aumônes, en revendiquant soigneusement dans l'acte
confirmatif, souscrit immédiatement par le prélat, le dou-
ble titre de « *institutor et edificator abbatiæ.* » Les aumônes comprenaient l'aunaie (*alnetum*) de Morin, et les
deux rives du ruisseau, la carrière voisine avec un champ de
terre à poterie et le chemin pour y aller ; la partie de ses
bois sis entre la terre de *Roncheria*, le gué du ruisseau de
Bagneux et le Morin, sous la réserve de ne pouvoir défri-
cher : enfin, *ut præfatæ ecclesiæ edificatur*, il accordait
aux religieux le libre parcours sur ses domaines et le pâtu-
rage dans ses prés ; donnait à prendre sur les moulins de
Baye de quoi entretenir toute la nuit une lampe allumée
sur le tombeau de Hugues Reclusus ; plus encore vingt arpents de terrain sur le côté méridional *de Avoldo* pour
planter en vignes [3].

Nous avons retrouvé, dans le dépôt des archives départe-
mentales de la Marne, un certain nombre de titres anciens
concernant le monastère de Reclus, qui nous ont paru inté-
ressants à recueillir et à faire connaître : ils sont inédits.

---

[1] *Gallia*, XII, pr. col. 264.
[2] *Gallia*, XII, pr. col. 264.
[3] *Gallia*, XII, col. 252.

I. 1187. Accord par l'intervention de l'abbé de Toussaint, entre l'abbé du Reclus et Roger de Saint-Gibrien, au sujet d'une vigne sise au mont Regnault, laquelle demeurera à l'abbaye.

II. 1189. Hugues, seigneur de Pleurre, fait savoir que Philippe, fils de Nicolas de Connantre, a donné à l'abbaye du Reclus une terre sise à la Fontaine de Noeres; et que Gauthier, chevalier de P...., a aumôné toute la terre qu'il tenait de Hubert Cherruel, de Connantre. Témoins : Hugo de Fer... ; Girardus, Herbertus, Teudoricus, David, curé de Pleurre; Radulfus, Varnerus, Aubertus, clercs; Galterus, miles de Pu...; Johannes, curé de Correio; Remigius, prévot; Johannes Ruffus, Rogerus Albin, Hugo et frater ejus Rogerus Cherruel, Girardus, Ernoudus et plures alii.

III. 1195. Jean, seigneur de Montmirail, fait savoir qu'à l'avenir l'abbaye du Reclus possédera en paix les biens qu'elle a à Corfélix « in fundo abbatiæ de Farâ » (Faremoustiers). Témoins : Johannes, abbé du Reclus; Petrus, cellerier ; Geoffridus, moine; Haimericus, convers; Herbertus, curé de Bussy; Raynaldus, chevalier de Bergères; Renaldus de Vauchamp ; Abelinus de Tors; Ivo de Lescheriis; Ansardus et Herbertus de Daucival; Nicolaus de Bussy. — A cette charte append un sceau rond, à moitié brisé, représentant un cavalier armé, dont on ne peut distinguer l'écusson; au contre-sceau : SECRETVM. JOHANNIS : écusson également fruste.

IV. 1195. Acte par lequel l'abbé Jean du Reclus reconnaît la justice de l'abbaye de Faremoutiers pour la terre que son abbaye possède sous sa juridiction. Témoins : Jean, abbé de Saint-Faron; Jocelin, abbé de Rebais; Jeoffroy, abbé de Chézy ; Gervais, abbé d'Orbais ; Jean, abbé du Reclus; Jocelin, abbé de la Charmoye; Hugus, moine du Reclus; Richer, moine de la Charmoye; Lambert, chancelier de l'abbesse de Faremoustiers; Gauthier d'Esternay;

Renaud, doyen ; Hatton, prévôt de Broyes ; Nicolas de Bussy.

V. 1205. Charte confirmative de celle de Jean de Montmirail, susdite, par le même.

VI. 1210. Don d'une rente de un demi muid de blé sur le terrage de Waudo, par Philippe de Mecringes, du consentement d'Arsericus, son frère et de Flandrine sa femme. — A cet acte append un sceau oval, brisé : la légende est illisible : on y voit une chatelaine, le faucon sur le poing.

VII. 1226. Mars. Charte de Blanche, comtesse de Champagne, portant que Jean Taat a donné à l'abbaye une rente de six septiers de blé, trois de seigle et trois d'avoine, sur le moulin de Coligny.

VIII. 1228. Bulle du pape Grégoire IX énumérant et confirmant les propriétés du monastère.

IX. 1232. Janvier. Don par Jean, damoiseau de Joches, du tiers du terrage de Chenevrier.

X. 1275. Accord devant l'official de Troyes, par lequel Gauthier de Oigne, seigneur de Normer, Jeanne, sa femme, et Isabelle, fille de celle-ci, reconnaissent l'abbaye quitte de toute réclamation pour les terrages de Normer.

XI. 1295. Main-levée accordée par Jean, sire de Chateauvilain, pour la maison que l'abbaye possédait près du château de Pleurre. (Charte française).

XII. 1292. Vidimus par Guillaume du Chastelet, bailli de Sézanne et de Beaufort, de trois chartes à lui représentées en originaux, savoir : l'une de 1175, par laquelle Hugue, seigneur de Broyes, reconnait à l'abbaye les droits de pêche depuis Saint-Prix jusqu'au monastère ; l'autre de 1270, de Hue de Broyes, chanoine de Provins, et de Jean, son frère, relative à la pêche ; la troisième de l'année 1168, de Hue de Broyes, fondateur de ladite église, concernant également la pêche.

L'abbaye ne prit jamais un grand développement : la commande y fut introduite au commencement du XVI⁰ siècle, et le premier titulaire fut un des représentants les plus célèbres de la littérature française à cette époque, *poeta haud ignobilis*, disent les hauteurs de la *Gallia*, Melin de Saint-Gelais, nommé en 1532 en remplacement de Nicolas Boucherat. Sous Jacques de Fay, son second successeur, le monastère fut complètement incendié par les bandes protestantes, en 1567 ; il fut rebâti, mais dans des proportions modestes. Claude de Bellac y introduisit au mois d'octobre 1601 la stricte observance.

Les chartes que nous venons d'analyser sont, à l'exception de celle de 1255, dans un état déplorable de dégradation, ce qui donne à notre modeste note un intérêt sérieux de conservation ; elles furent probablement enfouies sous terre lors de l'attaque des Protestants : on reconnaît l'influence de l'humidité dans l'altération du parchemin.

Paris, 21 novembre 1874.

Extrait des Mémoires de la Société Académique de l'Aube.
Tome XLIII. — 1879.